La mariquita triste

Escrito por Elena Castro, Barbara Flores y Eddie Hernández
Ilustrado por Sergio Ramirez

Celebration Press
An Imprint of Pearson Learning

La mariquita triste quiere manchas.

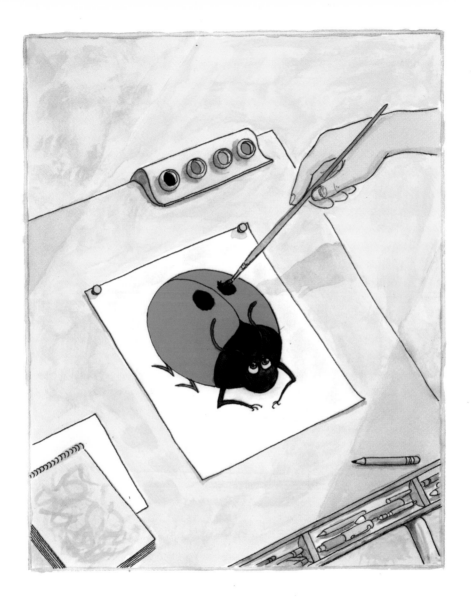

¿Quiere dos manchas?
¡No!

¿Quiere cuatro manchas?
¡No!

¿Quiere seis manchas?
¡No!

¿Quiere ocho manchas?
¡No!

¿Quiere diez manchas?
¡Sí!

Ahora está feliz.